Ueli Ott

Sehet, was geschehen ist

Die Königsfelder Weihnachtsgeschichte

Eschbach

Eine Königin erinnert sich

So stelle ich es mir vor: Agnes von Österreich (1281–1364) betritt beim ersten Tageslicht des 12. Septembers 1330 „ihre“ Kirche zu Königsfelden. Heute will sie dem feierlichen Hochamt beiwohnen, anläßlich der Weihe des Chores durch Bischof Rudolf III. aus Konstanz. Sie, die 50-jährige Königin von Ungarn, erlebt den heutigen Tag mit besonderer Freude. Aber sie möchte allein in der Stille der Ihrigen gedenken und in aller Ruhe die neuen farbigen Gläser im Chor auf sich wirken lassen.

Als Agnes im einfachen Kirchenschiff zum schwarzen Marmorblock kommt, bleibt sie versonnen stehen. Schon fünf aus ihrer Familie ruhen in der Gruft darunter: ihre Mutter Elisabeth, die Schwester Guta und die Brüder Friedrich, Leopold und Heinrich. Sie hat für sich selber schon bestimmt, auch einmal hier ruhen zu dürfen. Sie ahnt nicht, daß dies erst im hohen Alter geschehen wird: Als hochgeachtete Landesmutter in Habsburgs Stammland, als eigentliche Förderin des Doppelklosters und als umsichtige Regentin des Landes und Mehrerin eines 50-jährigen Friedens stirbt sie 84 Jahre alt.

Agnes erinnert sich: Vor zwanzig Jahren legte ihre Mutter den Grundstein. Vor zehn Jahren weihte Bischof Johann aus Straßburg die Kirche. Sie war bestimmt zum gottesdienstlichen Gebrauch für fürstliche Klarissinnen, seelsorgerlich betreut durch Franziskaner. Vierzig adlige Frauen hatten schon den Schleier genommen. Seit über einem Jahrzehnt lebt sie nun selber hier und steht als habsburgische Königin dem Ganzen vor. Sie ordnet an, regelt das Klosterleben, ermuntert ihre Brüder zu großzügigen Vergabungen, hält Hof und bespricht mit den Dienstleuten das Nötige.

Agnes hat von ihrem Großvater, König Rudolf, die politische Begabung geerbt. So wird sie zwischen Bern und Freiburg einen Frieden stiften (3. 2. 1333), im Juli 1350 einen Schiedspruch zwischen Basel und Zürich sprechen, die sich in Waffen gegenüberstehen, und zwischen den Innerschweizern und ihrem Bruder Albrecht II. vermitteln. Trotz aller Umsicht kann sie aber nicht voraussehen, daß Bern im Jahre 1415 den Aargau erobern wird, daß 1523 auf Wunsch der Nonnen das Kloster aufgehoben und die schöne Kirche später zum Salzmagazin und zu einem vierstöckigen Kornhaus wird. Maria Theresia wird 1777 die elf in der Familiengruft Bestatteten nach St. Blasien im Schwarzwald überführen lassen. 1804 wird der neugegründete Kanton Aargau in Königsfelden die heutige psychiatrische Klinik errichten, wobei nur die Kirche überdauern wird.

Agnes lebt im 14. Jahrhundert. Mit 15 wird sie verheiratet. Vater Albrecht sucht es ihrem Großvater gleichzutun im klugen politischen Verheiraten seiner Kinder. Ihr Mann, der Ungarnkönig Andreas III., stirbt schon 1301. So ist sie im Alter von 20 Jahren Witwe und findet hier im Aargau zu ihrer Bestimmung.

Die Königin schrickt auf. Sie will doch die neuen Chorfenster im ersten Morgenlicht erglühen sehen, darauf hat sie sich gefreut. Sie betritt den Hochchor. Eben bringt die Sonne die drei Ostfenster zum Aufleuchten: Jesu Geburt, Tod und Auferstehung. Die Martyrien von Johannes dem Täufer, Katharina von Alexandrien und Paulus schließen sich an. Warum so viele gewaltsam Getötete? Warum der Gekreuzigte auch nochmals auf dem Hochaltar? Dieser soll heute geweiht und zum ersten Mal zur Meßfeier gebraucht werden.

Agnes seufzt. Der Christusaltar steht genau an der Stelle, wo eine andere „Passion" stattfand. Hier wurde am 1. Mai 1308 ihr eigener Vater Opfer einer unseligen, sinnlosen Mordtat. Um seines Gedächtnisses und Heils willen entstand Königsfelden.

Agnes blickt auf. Der Werkmeister von Bern hat seine Sache gut gemacht. Die elf Fenster werden von seiner neuen Architektur wunderbar getragen. Das Ganze ist wie eine große leuchtende Laterne, ein Aufblick in Gottes Geheimnis, in Seine kommende Welt. Auf dem Schlußstein des östlichsten Joches erblickt sie den Pantokrator (Allherrscher): Jesus auf dem Thron, die Weltkugel in der Linken, die segnende Rechte erhoben. An seinen Seiten entziffert Agnes die Inschrift „Rex ALBERTUS", ihrem Vater gewidmet. Die Erinnerung an den Königsmord überfällt sie:

Albrecht I., deutscher König seit 1298, reitet an jenem ersten Mai von Baden nach Rheinfelden. Beim Überqueren der Reuss wird er, getrennt von seinem Gefolge, von einer Verschwörergruppe rund um den 15-jährigen Herzog Johann von Schwaben ermordet. Die Hintergründe der Tat bleiben undurchsichtig. Der Neffe behauptet, Albrecht als Vormund habe ihm, dem Brudersohn, sein Lehen nicht herausgeben wollen. Die Motive der vier Helfershelfer waren anderer, wohl politischer Natur, das Ganze reichlich unsinnig. In der Nähe der Stammburg, auf eigenem Land der König ermordet! Und deshalb die

Gedächtnisstätte. Ihre Mutter hatte sie gestiftet. Sie selbst und ihre Brüder stifteten weiter.

Agnes blickt zu den Farbfenstern. In den untersten Feldern halten ihre Brüder mit ihren Gattinnen die leuchtenden Scheiben als Weihegaben dar. Steht da nicht die Tante ihres Mannes, Elisabeth von Thüringen, als Heilige zwischen ihrem Bruder Albrecht II. und dessen Frau Johanna von Pfirt? Sind da neben Propheten und Aposteln nicht auch Franz und Klara, die sie, Agnes, einladen, im Dunkel der Trauer aufzublicken zum Gekreuzigten, der den Mittelpunkt vorne bildet und als der Auferstandene lebt? Hat sie nicht selber das alles so bestimmt und gewollt, es mit dem Hauptmeister besprochen und die letzten fünf Jahre mitgetragen? Wie herrlich hat der Glaskünstler es mit seinen Gesellen ausgeführt! Es hat sich wahrhaftig gelohnt, den ersten Künstler im Reich zu holen. Dem ersten Fürstenhause gebührt das Beste und Schönste. Das Habsburgerblut regt sich in Agnes. Aber zugleich spürt sie, daß hier eine andere Größe zu ihr spricht. Ist der junge König im Weihnachtsfenster nicht ein Habsburger, der sich vor dem Christusknaben verbeugen wird? Und jener greise Fürst, legt er tatsächlich seine Krone zu Füßen dieses Kindes nieder (siehe S. 12)? Ja kommt nicht sie selber mit ihrem Hofstaat, kommen nicht sie alle als Habsburger in der Geschichte Jesu vor? Will der Meister sie direkt ansprechen?

Ihre Amme hat seinerzeit von jenem reichen Kaufmannssohn berichtet, der alles verließ, um diesem Kinde zu dienen. Wie lauschte sie damals als kleines Mädchen, wenn die alte Frau ihr vom Poverello, von Franziskus erzählte. Dort links auf der Seite grüßt er, der selbst den Vögeln die Frohbotschaft verkündete. An einem Weihnachtsabend habe er die einfachen Landleute in eine Höhle eingeladen, um die heilige Nacht wirklich nachzuerleben (24. 12. 1223 bei Greccio). War sie nicht als Kind schon tief betroffen gewesen von seinem Wunsche an den Kaiser, ein Gebot in allen Landen zu erlassen, daß Vögel, besonders auch die Lerchen, nicht gefangen werden dürften, daß ihnen im Winter reichlich Körner auf die Wege zu streuen seien, daß alle Ochsen und Esel genügend Heu bekämen und die Reichen dafür zu sorgen hätten, daß Arme satt werden können. Und waren nicht Weih-

nachtsspiele aus Italien und Frankreich auch in ihre eigene Heimat gedrungen, in denen die biblischen Gestalten als Heutige leibhaftig auftraten mit ihrer Botschaft: „Euch ist *heute* der Heiland geboren!“? Hatte der Glasmeister tatsächlich ihresgleichen in die Scheiben gesetzt?
Agnes versinkt in tiefes Sinnen, aus dem sie mit dem Wunsche erwacht, oft und oft vor diesen Fenstern zu verweilen. Ja, möchte es eine Stätte der Besinnung und Läuterung werden und der Sinnfindung für viele …

Aber da ertönen Stimmen. Ihre Klarissinnen holen sie ab. Sie scheinen direkt aus dem farbigen Glas herauszutreten. Denn sie sind genauso gekleidet, wie sie der Meister in der Szene von Jesu Darstellung im Tempel in die Scheibe gesetzt hat, gleichsam als Patinnen des Kindes.

Agnes bemerkt erst jetzt, daß sie hingesunken ist. Nun steht sie auf, ein letzter Blick auf die Fenster, dann schreitet die Königin hinaus. Es ist der 12. September, der Namenstag der Maria, der Mutter Jesu, im Jahre des Herrn 1330.

Die Sternsinger

Hört, was wir euch singen:
die Geburt des Herrn.
Seht, was wir euch bringen:
aller Sterne Stern.

Was er einst verkündet,
hoch am Himmelszelt,
daß sich Gott verbündet
mit der armen Welt,

kündet er auch heute.
Was geschah, geschieht.
Folgt dem Stern, ihr Leute,
der zur Krippe zieht.

Manfred Hausmann

Die Verheißung der Geburt Jesu
(Lukas 1,26–38)

Fürchte dich nicht, Maria; denn du hast bei Gott Gnade gefunden. Du wirst ein Kind empfangen, einen Sohn wirst du gebären: dem sollst du den Namen Jesus geben. (Lukas 2,30 und 31)

Gabriel (stürmt mit dem Spruchband herein „Ave, Gratia Plena, Dominus Tecum – Sei gegrüßt, Begnadete, Gott ist mit dir“; er bleibt stehen und lacht Maria an):
Sechseinhalb Jahrhunderte stehen wir beide uns in diesem Fenster nun schon gegenüber. Und bald sind es gar 2000 Erdenjahre her, seit dein Erstgeborener die Bühne der Weltgeschichte betreten hat. Was für Impulse gehen bis heute von ihm aus. „Gott hat an dir Freude!“ So übersetzen sie gegenwärtig meinen damaligen Gruß an dich („Gratia Plena“).
In immer neuen Verkleidungen sind wir uns bisher durch die Zeiten begegnet. Aber jetzt staune ich doch, in welchem Gewand du, einfaches Mädchen von damals, vor mir stehst. Bist du zu einer Fürstin geworden? Bist du überhaupt noch Maria?

Maria (blickt vom Buch auf, erhebt ihre Herzhand und antwortet dem Boten):
Auch in dieser Aufmachung bin ich dieselbe geblieben. Zu Beginn des 14. Jahrhunderts ist man am Hof eben so gekleidet. Ich erschrecke immer noch ein bißchen vor dir. Wie soll das zugehen, daß der große Himmel in die kleine Erde eingeht? Und daß wir es verstehen und daraus leben können? Daß es nicht bloß eine rührende Geschichte bleibt?

Die Verkündigung an die Hirten und die Geburt Jesu
(Lukas 2,1–20)

Fürchtet euch nicht! Denn siehe, ich verkündige euch eine große Freude, die dem ganzen Volk zuteil werden soll: Heute ist euch in der Stadt Davids der Retter geboren; er ist der Messias, der Herr. (Lukas 2,10 und 11)

HIRTE (blickt überrascht zum kopfüber herabstürzenden Engel empor; Hund und Widder sehen ihm dabei zu, Schaf und Ziegenbock fressen stur weiter):
Was stürzt da für eine Lichtgestalt auf mich zu? Was schwenkt sie in ihren Händen? Ein Band mit Schriftzeichen darauf? Ich bin Analphabet, hier als mittelalterlicher Leibeigener dargestellt, wenn auch in schmuckem Gewand. Alles Leihgaben meiner Herrschaft, was ich da am Leibe trage. Einzig der Hund gehört mir. Er war ein verlaustes Wollknäuel, als ich ihn fand.
Die Lage hat sich für uns seit jener Nacht in Bethlehem nicht gebessert. Ins Deutsche übersetzt heißt der Ort „Brothausen“. Und um des täglichen Brotes willen mußte ich mich verdingen. Ob das Kind in der Brotfrage etwas bewirken kann?

HIRTENHUND (blickt gehorsam zu seinem Meister und sagt, weil in der Weihnachtsnacht auch Tiere sprechen können):
Wenn dieses Kind die Menschen verändert, ob diese dann auch mit uns Tieren anders umgehen? Wir wurden doch vor ihnen geschaffen. Werden sie uns endlich als Geschwister annehmen?
Ist es auch für uns eine heilige Nacht? Oder geht die Ausrottung weiter? Und wird meinesgleichen nur dazu abgerichtet, beim Töten zu helfen?

WIDDER (wendet den Kopf, bevor er das Weite sucht):
Artgerechte Tierhaltung auch für uns? Weihnachtskrippen mit Schafen: rührend? Tiere auf Schiffstransporten krepierend: nötig?

SCHAF (frißt stur den Klee herunter):
Wo ich weide, wächst das Gras wieder nach. Wo der Mensch hinkommt, wächst bald kein Gras mehr. Also fresse ich, solange es noch etwas zum Fressen gibt.

ZIEGENBOCK (an einem Baum-Ast knabbernd):
Und ich fresse oben auf dem Hügel, was ich finde. Die Menschen haben mich mit dem Bösen gleichgesetzt und mich zum Sündenbock gestempelt. Wehe allen, denen solches geschieht. Ob wir bei diesem Kind eine Freistatt finden?

ENGEL (stürzt kopfüber nach unten, sein Spruchband flattert: „Ecce, evangeliso vobis … / Siehe, ich verkündige euch … große Freude"):
Es ist gar nicht so leicht, in das gotische Kirchengemäuer, in diese kleinen irdischen Verhältnisse hineinzukommen. Ich muß mich ordentlich zusammenklappen und durchzwängen, um meine gute Nachricht loszuwerden.
Die Menschen werden immer größer, wir immer kleiner. Aber nun bin ich ein Botschafter jenes Lichtes, das auch durch die kleinste Ritze dringt. Die Nacht wird hell, jede Nacht.
Dich, Kind, den Heutigen zu bezeugen, wer kann das? Ich stürze mit meiner Weihnachtsbotschaft noch immer der Erde zu.

MARIA (sitzt auf einem vornehmen Lager, hochgestützt durch Kissen, und spielt behutsam mit dem Neugeborenen):
Kind, ich wage es kaum, dich anzufassen, so zart und fein bist du. Nur ein Windeltuch umhüllt dich. So war es damals auch. Aber sonst sind wir in eine überaus vornehme Umgebung geraten. Weißt du eigentlich, daß wir zwei unterdessen rund um den Erdball in Domen, Kirchen und Kapellen unendlich viele Male aufgestellt sind? Wie fühlst du dich dabei?

DAS KIND (lächelt Maria an):
Wir müssen einfach immer wieder die Türen öffnen. Die Ausstrahlung durchdringt ja auch die Wände. Bei dir ist sie blau: Der Himmel kommt zur Erde. Bei mir ist sie rot: pulsierende Liebe. Ich weiß keinen anderen Weg.

ESEL (dessen Gesicht im Lauf der Jahrhunderte ein wenig gelitten hat):
Du getraust dich gar nicht so recht vom Gras zu fressen, lieber Ochse. Was ist los mit dir? Worüber denkst du nach?

Ochse (blickt unverwandt auf das Kind): Siehst du denn nicht das merkwürdige Leuchten um das Köpfchen des Kindes? Es strahlt ganz warm. Aber zugleich bildet sich ein Kreuz. Mir wird angst um das Knäblein. Weißt du eigentlich, woraus wir fressen? Es ist ein Altar, und auf solchen wird doch geopfert. Kleiner Jesus, du als Opfer? Wofür?

Esel: Ich träume mit dem Kind von einer neuen Welt, in der Tier und Mensch unter demselben guten Stern leben, wie wir vier hier in der Kirche. Der Traum vom Frieden, den dieses Kind stiften wird, wächst dir schon wie eine Blume aus der Stirn. Wie schön!

Josef (sitzt in einem Chorgestühl, stützt sich auf einen Stock, blickt auf das Kind und wundert sich):
In welch vornehme Gesellschaft bin ich mit meiner Familie geraten. Auf einen richtigen Thron haben sie mich gesetzt, viel zu groß, ich geniere mich. Auch in diesen Kleidern ist mir gar nicht wohl. Ich bin doch nur ein schlichter Handwerker. Aber nun schaue ich auf das Kind, und alles andere wird unwichtig.
Geliebter Sohn, wir haben turbulente Zeiten hinter uns, Maria und ich. Wir waren doch erst verlobt, da meldetest du dich schon an. Ich hatte religiöse Träume deinetwegen, das ist mir noch nie passiert (Matthäus 1,18–25). Aber jetzt freue ich mich und will dich behüten, so gut ich's vermag.

Die Huldigung der Sterndeuter
(Matthäus 2,1–12)

Als sie den Stern sahen, wurden sie von sehr großer Freude erfüllt. Sie gingen in das Haus und sahen das Kind und Maria, seine Mutter; da fielen sie nieder und huldigten ihm. (Matthäus 2,10 und 11)

Junger König (hoch aufgerichtet, blickt strahlend zum Kind, trägt in der Linken eine kostbare Elfenbeinbüchse voll Myrrhe und weist mit der Rechten auf den Stern):
Durch die Jahrhunderte ziehen wir drei Gottsucher in immer neuen Verwandlungen dir, dem neugeborenen König der Juden, entgegen. Es war ein weiter Weg vom babylonischen Magier (Matthäus 2,1) zum habsburgischen Prinzen. Liebes Kind, ich werde deinen Blick nie mehr vergessen. Er geht mir durch und durch. Welche Überraschung: der verheißene Friedefürst als Kind. Ich denke, es tut uns Hoheiten gut, vor dir das Knie zu beugen. Mein Herz hast du schon gewonnen.

Das Kind (steht auf dem rechten Knie Mariens und empfängt als kleiner Prinz in goldgelbem Gewand mit dem lateinischen Segensgestus die drei Magier aufs freundlichste):
Mit dem Herzen kann man besonders gut sehen, lieber Sterndeuter. Und so wird man durchscheinend für Gott, für seinen Frieden. Vom Thron heruntersteigen ist das Wichtigste. Ich tue es gerade. Tust auch du es? Und alles hergeben, auch die Myrrhe? Und den Menschen Gottes Wohlgeruch bringen? Kommst du mit? In die Dunkelheit hineinschreiten und Lichtträger werden? Lockt es auch dich?

Der mittlere König (höfisch gekleidet wie die beiden andern, weist er auf den Stern, hält auf ausgestrecktem Arm einen goldenen Deckelpokal mit Weihrauch und spricht zum jungen König zurück):
Ja, wir sind endlich am rechten Ort. Es ist wirklich ein ganz besonderer Stern, der uns führt. Durch die Zeiten wandern wir und werden es noch weiter tun, um bei hoch und niedrig zu künden: Der Stern von Bethlehem ist dieses Kind. Ein Leitstern fürs ganze Leben.

Der alte König (kniet vor Maria und dem Kind. Er bringt einen Kelch voll Goldmünzen dar):
Ich habe meine Krone abgelegt. Ich werde sie nicht mehr aufsetzen. Ich bin nie zuvor auf Erden vor jemandem in die Knie gesunken. Aber vor dir knie ich gerne. Nimm das Gold, es ist mein Patengeschenk. Und nimm auch mich, der sich schon dem Tor der Ewigkeit nähert. Kind, dir lege ich mein Leben hin. Verwandle es, damit ich dir diene in meinen Mitmenschen.

Maria (sitzt auf einer Chorbank, hält mit der Linken eine Rose und stützt mit der Rechten den auf ihrem Schoß stehenden Knaben. Sie spricht leise zu ihm):
Mein Kind, vom ersten Tag an bist du wie eine Rose, die nichts als blühen will. Eine Rose hat mir auch der Glasmeister in die Hand gegeben. Sie ist seit alters Zeichen für einen Menschen, der für sich die Mitte in seinem Schöpfer gefunden hat. Du Blume aus Gottes Garten, wie wird es dir ergehen unter uns?

Das Kind (wendet sich den Weisen zu):
Ich grüße euch, liebe Gottsucher, die ihr seit langem mit mir auf diesen Fenstern erscheint. Durch die Jahrhunderte hindurch wollten wir durchscheinend werden für Gottes Zuwendung, für „Friede auf Erden". Wir wollen den Goldstaub gerne abwischen, wenn es den Heutigen so leichter fällt, sich vom Weihnachtslicht berühren zu lassen. Kommt, laßt uns aus den Scheiben heraussteigen und zu den Menschen gehen, unerkannt. Wir wollen sie anrühren und heilen und mit der Friedenskraft anstecken.

Die Darstellung Jesu im Tempel
(Lukas 2,21–40)

Als die Eltern Jesus in den Tempel brachten, um zu erfüllen, was nach dem Gesetz üblich war, nahm Simeon das Kind in seine Arme und pries Gott mit den Worten: Nun läßt du, Herr, deinen Knecht, wie du gesagt hast, in Frieden scheiden. Denn meine Augen haben das Heil gesehen. (Lukas 2,27b–30)

MARIA (hat das Kind eben Simeon übergeben und tritt mit leichter Neigung zurück): Muttersein ist Hergeben. Ach mein Kind, ich möchte dich gerne behüten vor dem, was dich erwartet. Was sagst du, Simeon? Der Kummer um dieses Kind werde mir wie ein Schwert durch die Seele gehen? Am liebsten würde ich den Knaben wieder zurücknehmen. Aber ich kann ihn vor seinem Weg und seiner Bestimmung nicht bewahren. Mir träumte von einem Weg durch einen Dornenwald, aber die Dornen trugen Rosen. Sind das Christrosen?

SIMEON (wie ein Priester gekleidet hält er den von ihm wegstrebenden Jesusknaben auf ehrfurchtsvoll verhüllten Armen. Die brennende Kerze erinnert an das „Lichtmeß"-Fest):
Liebe Maria, wenn mich auch der Künstler in Priestergewänder gesteckt hat, bin ich doch nur ein einfacher alter Mann, der wartet. Ich warte auf den Trost Israels. Und jetzt sehe ich ihn und halte ihn auf meinen Armen. Wartenkönnen und Loslassen, das ist es. Harren mit der Bitte, daß das große Du uns berühre. Ich stehe am Opferaltar, und es wird mir bange um dieses Kind. Aber ich werde den dunklen Schritt in Gottes Welt getrost tun, denn meine Augen haben Sein Licht gesehen.

Die Taufe Jesu
(Matthäus 3,13–17)

Kaum war Jesus getauft und aus dem Wasser gestiegen, da öffnete sich der Himmel, und er sah den Geist Gottes wie eine Taube auf sich herabkommen. Und eine Stimme aus dem Himmel sprach: Das ist mein geliebter Sohn, an dem ich Gefallen gefunden habe. (Matthäus 3,16 und 17)

JOHANNES DER TÄUFER (segnet Jesus und weicht gleichzeitig einen Schritt zurück):
Ich wollte dich nicht taufen. Du aber hast verlangt, daß ich es tue (vgl. Matthäus 3,14 und 15). Ich taufe nur mit Wasser. Über dir aber sehe ich die Taube, das Zeichen des Gottesgeistes. So sei gesegnet im Namen des lebendigen Gottes, der dich heute zu seinem Christus beruft!
Es war später dann gar nicht so leicht, zusehen zu müssen, wie die Leute einen verlassen und dem andern zulaufen (Johannes 1,35–42). Der Evangelist Lukas hat aus uns Vettern gemacht (Lukas 1,36). Das ist zwar freundlich von ihm. Aber so einfach war es nun doch nicht, bis ich sagen konnte: „Jener muß wachsen, ich aber abnehmen!“ (Johannes 3,30).

Als ich im Gefängnis lag, zweifelte ich an Jesu Berufung. Er war ganz anders, als ich mir den Messias vorgestellt hatte: so sanft, so freundlich, so unauffällig (Matthäus 11,2–6). Ich bin ihm im gewaltsamen Tod vorangegangen (Matthäus 14,1–12). Hinterher erfuhr ich, wie tapfer er seinen Weg ging, alles andere als harmlos. Und noch immer harrt seine Botschaft ihrer Erfüllung. Ja, Jesus, dazu kamst du auf die Erde, damit es heller werde durch dich. Hoffentlich steckst du immer neu andere mit deinem Gottesmut an.

JESUS (steht leichtfüßig und fast im Tanzschritt in den weißen Wellen des Jordan. Seine Arme und Hände sind ungemein sprechend. Er blickt die Betrachter direkt an):
Eintauchen ins Taufwasser heißt Eintauchen ins Dunkel. Überflutetwerden wie Noah in der Arche. Verschlungenwerden wie Jona im Fisch. Das ist mein Leben: eine einzige Widerstandsbewegung gegen die Todesmächte.
Auftauchen aus dem Taufwasser heißt Auferstehen zum Leben, heißt Ostern

entgegentanzen. Bei uns Juden ist das Oster-Passah das Mahl der großen Befreiung. Es ist der fröhliche Vorschein auf das göttliche Festmahl im Himmel.

Von irdischen Mahlzeiten ging und geht meine Bewegung aus. Quer durch die Zeiten lade ich zum Tisch der Versöhnung, zum Mahl der Hoffnung ein. Taufe als Erkennungszeichen für meine Gäste, Geschwister aus allen Völkern.

Manche sähen es lieber, wenn ich das Christkind bliebe. Aber ich bin herangewachsen, bin zum Anführer des Ostertanzes geworden. Tanzest du mit?

ENGEL (steht, als Diakon gekleidet, mit majestätisch entfaltenden Flügeln bereit, Jesus ein weißes Gewand reichend):

Ich zittere um dich. Ob du deinen Tanzschritt durchhältst mitten im Totentanz dieser Welt? Dein Taufkleid hier wird auch dein Tränenkleid sein, wenn ich dir den Kelch des Leidens reichen muß. Ach, nur drei Jahre noch und du stehst genauso entblößt da.

Und doch, du wirst dir als Erstling den Todesschlaf aus den Augen reiben. Mit Urgewalt wirst du die Finsternis durchbrechen, du mutiger Hoffnungsträger aller Mühseligen und Beladenen. Alle Nacht verwandelst du schließlich in Licht.